Schmitt

IN MEMORIAM AUGUSTINUS KARDINAL MAYER OSB

Paul Augustin Card. Meyer

Markus Schmitt

In memoriam
Augustinus Kardinal Mayer OSB
(1911-2010)

Mit einer Würdigung von
Papst em. Benedikt XVI.

*Meinem Lehrer des Kanonischen Rechts
H.H. Pater Prof. Dr. Stephan Haering OSB,
Mitbruder Kardinal Mayers
aus seinem Heimatkloster Metten,
im 1250. Gründungsjahr der Abtei
in dankbarer Verbundenheit gewidmet.*

Bibliographische Information der Deutschen Nationalbibliothek:
Die Deutsche Nationalbibliothek verzeichnet diese Publikation in der Deutschen Nationalbibliographie; detaillierte bibliographische Daten sind im Internet über www.dnb.de abrufbar.

© Dipl.-Theol. Markus Schmitt, 2016
Herstellung und Verlag: BoD – Books on Demand, Norderstedt
ISBN 9783739230788

Umschlag- und Titelbild: © Abtei Metten
Unterschrift: Brief an den Verfasser vom 07.02.2006

Zitate und die Predigt von Papst Benedikt XVI. wurden der neuen Rechtschreibung angepasst.

Inhalt

Vorwort 7

Lebensdaten von Augustinus Kardinal Mayer OSB 8

»Dilexit ecclesiam – er liebte die Kirche«: Ein Leben für
den Glauben im Geiste des hl. Benedikt (Nachruf) 10

Das priesterliche Lebenszeugnis Kardinal Mayers
(Interview) 25

Anhang 33

Predigt von Papst Benedikt XVI. 35

Zitate von Augustinus Kardinal Mayer 39

Vorwort

Er war ein Mann der Superlative: Als Paul Augustin Kardinal Mayer OSB am 30. April 2010 in Rom verstarb, stand er wenige Wochen vor Vollendung seines 99. Lebensjahres und dem 25. Jahrestag seiner Kreierung zum Kardinal, war fast 75 Jahre Priester und gehörte 80 Jahre lang dem Benediktinerorden an. Insgesamt 68 Jahre seines Lebens hatte er in er Ewigen Stadt verbracht und dabei sieben Päpste persönlich kennengelernt, neun hatte er erlebt, fünfen diente er in verschiedenen Positionen. Mit seinem Landsmann Benedikt XVI. verband ihn eine herzliche Freundschaft, er bewog ihn sogar – wie wir heute wissen – zur Annahme der Papstwahl.

Treu und unermüdlich wirkte er in all den Jahren bis zu seiner Emeritierung 1991, und doch nahm die große Öffentlichkeit kaum Notiz von dem asketisch-schlanken, hochgewachsenen Benediktiner. Ja, viele wussten nicht einmal, dass es außer Kardinal Ratzinger noch einen zweiten »Bayern in Rom« gab. Doch das entsprach ganz seinem Naturell, blieb er doch Zeit seines Lebens Mönch und stiller Arbeiter getreu der benediktinischen Ordensdevise »*ora et labora*«.

Dieser treue Diener der Kirche hat es verdient, nicht in Vergessenheit zu geraten. Der Autor, der Kardinal Mayer durch einen sechsjährigen, verhältnismäßig regen Briefverkehr und zwei persönliche Begegnungen in Rom kennenlernen durfte, legt deshalb hier einen ausführlichen Nachruf vor, zusammen mit einem Interview, das vor allem die Bedeutung des priesterlichen Lebenszeugnisses Paul Augustin Mayers würdigt. Beide Texte entstanden anlässlich seines Todes und wurden für diese Veröffentlichung nur geringfügig überarbeitet.

Im Anhang ist die Predigt Papst Benedikts XVI. bei den Begräbnisfeierlichkeiten im Petersdom abgedruckt sowie einige charakteristische Zitate des Kardinals.

Mögen diese kleine Schrift, die im Jubiläumsjahr des 1250. Bestehens seines Heimatklosters Metten erscheint, dazu beitragen, die Erinnerung an Kardinal Augustinus wachzuhalten.

Eichstätt, am Fest des hl. Benedikt 2016

Markus Schmitt

Lebensdaten von Augustinus Kardinal Mayer OSB

1911   23. Mai geboren in Altötting

1930   Abitur am Benediktiner-Gymnasium Metten

1932   Ewige Profess in der Abtei Metten

1932   Studium der Philosophie in Salzburg
–   und der
1937   Theologie in Sant'Anselmo, Rom

1935   25. August: Priesterweihe

1937   Promotion zum Dr. theol., Religionslehrer in Metten

1939   Professor für Dogmatik an Sant'Anselmo und Prior

1949   Rektor der Hochschule Sant'Anselmo

1957   Päpstlicher Visitator f. d. Priesterseminare d. Schweiz

1960   Sekretär der Vorbereitungskommission für die Studien und Seminare

1962   Sekretär der Konzilskommission für die Studien und Seminare

1966   Wahl zum Abt von Metten
10. Dezember: Abtsbenediktion

1968   Abtpräses der Bayer. Benediktiner-Kongregation

1972   6. Januar: Erzbischof von Satiranum, Sekretär der Ordenskongregation
13. Februar: Bischofsweihe durch Papst Paul VI.

1984 16.04.: Pro-Präfekt der Kongregationen für die Sakramente und den Gottesdienst

1985 25. Mai: Kardinaldiakon (Sant'Anselmo all'Aventino)
27. Mai: Präfekt der Kongregationen für die Sakramente und den Gottesdienst

1988 2. Juli: Präsident der Päpstl. Kommission »Ecclesia Dei«

1991 1. Juli: Emeritierung

1996 29. Januar. Erhebung zum Kardinalpriester

2010 30. April: Tod
12. Mai: Beisetzung in der Abteikirche Metten

»Dilexit ecclesiam – er liebte die Kirche«: Ein Leben für den Glauben im Geiste des hl. Benedikt

Nachruf auf Augustin Kardinal Mayer OSB (1911-2010)[1]

Ein Leben für den Glauben

»Und wenn sie euch sagen, es geht *nicht* um den Glauben – Wir aber sagen euch: Es *geht* um den Glauben!«[2]
Dieses Wort, das Papst Pius XI. 1935 dem jungen Theologiestudenten mit auf den Weg gab, hat Paul Augustin Mayer immer im Gedächtnis behalten. Und er hat danach gelebt: Ein Leben aus dem Glauben und für den Glauben, im Geiste seines Ordensvaters Benedikt.

Dieser Glaube wurde ihm bereits in die Wiege gelegt: In Altötting, dem »Herzen Bayerns«, unter den Augen der Schwarzen Madonna, wurde Paul Mayer am 23. Mai 1911 als Sohn eines königlich bayerischen Generals geboren. In einem gläubigen Elternhaus im oberbayerischen Laufen an der Salzach aufgewachsen, verspürte er schon früh die Berufung zum Priestertum und Ordensleben, konnte sich aber zunächst nicht zwischen den Benediktinern und den Jesuiten entscheiden. Obwohl der Vater in ihm lieber einen Offizier gesehen hätte, riet er seinem 15jährigen Sohn im Januar 1927 auf dem Sterbebett: »Trete bei den Benediktinern ein.«[3] Der folgte dem Rat seines Vaters und trat 1930 nach dem Abitur am Benediktinergymnasium Metten in die dortige Abtei St. Michael ein, wo er den Ordensnamen Augustin erhielt und am 17. Mai 1931 die erste Profess

---

[1] Erstveröffentlichung: http://kathnews.de/cms/cms/front_content.php?id-art=261 (12.05.2010).
[2] Papst Pius XI. Zitiert nach: Johannes Schröer, Kardinal Augustinus Mayer – ein Portrait, Domradio Köln, 30.04.2010 (Quelle: http://www.domradio.de/in-cludes/audioplayer_po-pup.asp?beitrag=23108, Mitschrift des Autors).
[3] Das Schicksal, verändert durch eine Reise. Interview aus dem Jahr 2000 mit Andrea Monda, Original italienisch in: Osservatore Romano, 3./4.5.2010 (private Übersetzung).

ablegte. Mit der Ewigen Profess 1932 stellte er sein Leben endgültig in den Dienst seines Ordens und der Kirche – mit einer Grundhaltung, die ihn zeitlebens prägte und die er noch als alter Kardinal im Jahr 2009 wie folgt formulierte: »Möge Gottes Liebe in uns ein Werkzeug finden, das bereit ist, eigene Pläne zurückzustellen und das eigene Leben wegzugeben, damit das Evangelium in die Sprache der Menschen und in ihre Welt gelangt.«[4]

68 Jahre in Rom: Höhepunkte der Kirchengeschichte
Werkzeug der Liebe Gottes im Dienste der Kirche

Als ein solches Werkzeug hat sich der Benediktiner-Kardinal verstanden und sein Leben lang die eigenen Pläne um des Evangeliums willen zurückgestellt. Der Ruf des Abtes, der Ruf seines Konvents und der Ruf des Papstes war für ihn Ausdruck des göttlichen Willens, im Gehorsam zu ihm nahm er all seine Ämter an und stieg so ungewollt im Orden und in der kirchlichen Hierarchie immer höher auf: Nach seiner Priesterweihe am 25. August 1935 und der Promotion zum Dr. theol., mit der er 1937 seine theologischen Studien an der Benediktiner-Hochschule Sant'Anselmo in Rom abschloss, wurde Pater Augustinus Religionslehrer am Gymnasium Metten; doch das sollte er nicht lange bleiben. Bereits 1939 schlossen die Nationalsozialisten die Schule, und Abt Corbinian Hofmeister sandte den begabten Pater wieder nach Sant'Anselmo, wo er Professor für Dogmatik, Prior des Klosters und 1949 Rektor der Hochschule wurde. Damit wurde die Ewige Stadt sein Lebensmittelpunkt, insgesamt sollte er 68 seiner 99 Lebensjahre dort verbringen.

Hier, im Herzen der Kirche, verdichten sich 2000 Jahre katholischer Tradition, hier ereignet sich Kirchengeschichte immer wieder neu. Und wer die Gnade hat, so viele Jahrzehnte unmittelbarer Nähe »zu dem Grab des Felsenmannes unter der Kuppel Michelangelos, zu dem lebendigen

---

[4] Brief an den Verfasser, 25.08.2009.

Petrus im Vatikan«[5] zu verbringen, der erfährt das Wohl und Wehe der Kirche am eigenen Leib, ja er wird selbst zu einem lebenden Stück Kirchengeschichte. Denn wer kann schon von sich sagen, dass er unter dem Pontifikat des hl. Papstes Pius X. (1903-1914) geboren wurde, den 1922 verstorbenen Papst Benedikt XV. »noch gut in Erinnerung«[6] hat und die nachfolgenden sieben Päpste bis zu Benedikt XVI. unmittelbar in Rom erleben durfte?

So war Kardinal Mayer ein unschätzbar wertvoller Zeitzeuge für die bewegte Kirchengeschichte des 20. Jahrhunderts, der uns Nachgeborenen aus eigenem Erleben von Personen und Ereignissen erzählen konnte, die wir oft nur aus Büchern oder kennen und nur schwer wahrheitsgemäß beurteilen können.

Zweiter Weltkrieg und nationalsozialistische Besatzung – schwere Zeiten in Rom

Dies gilt insbesondere für die Zeit des II. Weltkriegs, über die im Zusammenhang mit der Kirche so viel Falsches verbreitet wird. So erfuhr Pater Augustinus kurz nach Kriegsbeginn von dem intriganten, nazifreundlichen Beuroner Prior P. Hermann Keller, dass dieser den bayerischen Rechtsanwalt Dr. Josef Müller, den sog. »Ochsensepp«, als Verhandlungsführer des deutschen Widerstands enttarnt hatte, und gab diese Information sofort an seinen Landsmann weiter, der sich gerade zu Sondierungsgesprächen mit dem Vatikan in Rom aufhielt.[7] Dadurch konnte das Auffliegen der Widerstandsgruppe und ihrer Verbindung

---

[5] Eugenio Pacelli: Abschied von Deutschland. In: Bruno Wuestenberg/Joseph Zabkar (Hrsgg.): Der Papst an die Deutschen. Pius XII. als Apostolischer Nuntius und als Papst in seinen deutschsprachigen Reden und Sendschreiben von 1917-1956, Frankfurt ²1957, 80-83, hier 80.

[6] Kardinal Mayer erlebte neun Pontifikate. Neun Päpste hat er erlebt, davon sieben aus nächster Nähe. Paul Augustin Kardinal Mayer aus dem bayerischen Altötting wird am 23. Mai 95 Jahre alt. In: Rheinischer Merkur, 18.05.2006.

[7] Zum »Ochsensepp« und dessen Tätigkeit für den deutschen Widerstand vgl. seine Autobiographie: Josef Müller, Bis zur letzten Konsequenz. Ein Leben für Frieden und Freiheit, München 1975.

zu Papst Pius XII., das unabwägbare Konsequenzen mit sich gebracht hätte, in letzter Minute verhindert werden.

Des Weiteren ist der Einsatz von Pater Augustinus für das Mutterkloster des Benediktinerordens, Montecassino, besonders hervorzuheben: Er beteiligte sich an der Rettung wertvoller Kunstschätze und versuchte zusammen mit dem »damalige[n] Abt-Primas Fidelis von Stotzingen noch am Morgen des 15. Februar 1944 im Vatikanischen Staatssekretariat den Papst zu einer nochmaligen Intervention gegen die Bombardierung der Abtei zu bewegen. Doch da war es schon zu spät.«[8]

Bewunderung für Pius XII.

Für die erhabene Gestalt von »Papst Pius XII., der so heiligmäßig und verdienstvoll für die Kirche gewirkt hat und auch so beurteilt wurde«,[9] empfand er tiefe Bewunderung – vor allem beeindruckten ihn dessen umfangreiche Hilfsaktionen für die verfolgten Juden.

»Wenn man, wie ich, diese Jahre miterlebt hat, dann leidet man wirklich darunter, dass diesem großen Papst, der von vielen Menschen seiner Zeit geliebt und verehrt wurde, so beharrlich Unrecht getan wird«, schrieb der greise Kardinal im Jahr 2006.[10] Aber er durfte noch den Umschwung wahrnehmen, der sich aufgrund neuer Forschungen etwa seit dem 50. Todestag des Pacelli-Papstes 2008 in der öffentlichen Wahrnehmung abzeichnet, und konnte konstatieren: »Es ist tröstlich zu sehen, dass sich die Wahrheit ihm gegenüber immer mehr durchsetzt, ihm Gerechtigkeit geschieht und Menschen der Kirche zu seiner Verteidigung das Wort ergreifen.«[11]

---

[8] Barbara Just, Ein Bayer in Rom. Mit Augustinus Mayer starb der älteste Kardinal der Welt (Quelle: https://www.domradio.de/nachrichten/2010-04-30/mit-augustinus-mayer-starb-der-aeltesten-kardinal-der-welt).
[9] Brief an den Verfasser (wie Anm. 4).
[10] Desgl., 07.02.2006.
[11] Desgl. (wie Anm. 4).

Pius XII. war es auch, der Pater Augustinus 1957 zum Päpstlichen Visitator für die Priesterseminare in der Schweiz ernannte – ein Amt, das er bis 1959 vorbildlich ausübte und sich damit qualifizierte für seine Mitarbeit in Vorbereitung und Durchführung des II. Vatikanischen Konzils.

Mitarbeit beim II. Vatikanischen Konzil

1960 berief ihn der heilige Papst Johannes XXIII. zum Sekretär der vorbereitenden Kommission für die Studien und Seminare, nach der Konzilseröffnung 1962 zum Sekretär der entsprechenden Konzilskommission.

Die Kirchenversammlung, an der er so unmittelbar Anteil nehmen durfte, war eine weitere prägende Erfahrung seines Lebens, besonders blieb ihm die Schlussfeier am 8. Dezember 1965 »mit der feierlichen Aufhebung des gegenseitigen Banns von 1054 zwischen der römisch-katholischen und der orthodoxen Kirche«[12] in Erinnerung.

Doch auch seine eigene Leistung auf dem Konzil darf nicht vergessen werden: In seiner Funktion betreute Pater Augustinus das Dekret *»Optatam totius«* über die Priesterausbildung, das als einziges Konzilsdokument schon in der ersten Lesung am 28. Oktober 1965 die Zustimmung der Väter fand.

Dieser nicht unerhebliche, bis in unsere Zeit weiterwirkende Beitrag zum II. Vaticanum qualifizierte ihn für weitere Ämter, in denen ihm seine Erfahrungen sehr zugute kommen sollten.

Ruf des Konvents und Ruf der Päpste

So mag darin einer der Gründe für seine 1966 – ein Jahr nach Konzilsende – erfolgte Wahl zum Abt seines Heimatklosters Metten gelegen haben, als der er die Vorgaben des Konzils konsequent umsetzte und beispielsweise das Klostergymnasium für Mädchen öffnete; 1968 wurde er auch zum Abtpräses der Bayerischen Benediktinerkongre-

---

[12] Just, Ein Bayer in Rom (wie Anm. 8).

gation gewählt. Doch der selige Papst Paul VI. wollte die Fähigkeiten des hochgebildeten Abtes für die Weltkirche fruchtbar machen und ernannte ihn 8. September 1971 zum Sekretär der Kongregation für die Ordensleute und Säkularinstitute.

Nach nur fünf Jahren seine bayerische Heimat und sein Kloster wieder in Richtung Rom zu verlassen und in den Dienst der Kurie zu treten war keine einfach Entscheidung für Abt Augustinus, doch »wenn der Papst ruft, kann man da nein sagen?«[13] Wieder stellte er also seine eigenen Pläne zurück und folgte dem Ruf des Nachfolgers Petri. Dieser ernannte ihn am 6. Januar 1972 zum Titularerzbischof von Satiranum und spendete ihm persönlich am 13. Februar gleichen Jahres in St. Peter die Bischofsweihe.

»In den Jahren des Dienstes in diesem Dikasterium förderte er die fortschreitende Umsetzung der Bestimmungen des Zweiten Vatikanischen Konzils hinsichtlich der Ordensfamilien. In diesem besonderen Bereich wusste er als Ordensmann eine unverkennbare kirchliche und menschliche Sensibilität zu bezeugen.«[14] In deren Würdigung und aufgrund seiner tiefen, aus der großen Tradition der Kirche gespeisten Kenntnis der heiligen Liturgie ernannte ihn der heilige Papst Johannes Paul II. – wohl auf Empfehlung von Kardinal Joseph Ratzinger – am 8. April 1984 zum Pro-Präfekten der (damals getrennten) Kongregationen für die Sakramente und den Gottesdienst.[15]

---

[13] Kardinal Mayer erlebte neun Pontifikate (wie Anm. 6).
[14] Papst Benedikt XVI., Predigt bei den Exequien (vgl. Anhang).
[15] Der »Spiegel« vom 16.04.1984 kommentiert diese Ernennung damit, dass er Mayer als »Traditionalisten« bezeichnet und die konservative Mailänder Zeitung »Il Giornale« mit den Worten zitiert, es sei »kein Zufall, dass beide Ministerien, die mit der Doktrin der Kirche zu tun haben, in den festen Händen von zwei unnachgiebigen Deutschen liegen« – gemeint ist neben Mayer Kardinal Ratzinger als Präfekt der Kongregation für die Glaubenslehre (Der Stellvertreter. Papst Johannes Paul II. stellte sein Kabinett um. Kardinalstaatssekretär Casaroli wurde Stellvertreter des Papstes in der Kirchenverwaltung, in: Der Spiegel 16/1984, 143 f).

Freund und Förderer der überlieferten Liturgie

Als solcher zeichnete Erzbischof Mayer verantwortlich für das Schreiben *»Qattuor abhinc annos«* vom 3. Oktober 1984, mit dem Johannes Paul II. erstmals seit der Liturgiereform von 1969/70 die Verwendung der liturgischen Bücher von 1962 unter bestimmten Bedingungen zugestand; auch wenn dies noch in einem ziemlich eingeschränkten Rahmen geschah, handelt es sich dabei doch um einen Meilenstein in der Liturgiegeschichte, da dieses Schreiben letztlich den ersten Schritt zur allgemeinen Freigabe der außerordentlichen Form des römischen Ritus durch das Motu proprio *»Summorum Pontificum«* Benedikts XVI. im Jahr 2007 bildete. Vor allem aber kommt dem Papst und seinem Pro-Präfekten dadurch das Verdienst zu, die überlieferte Liturgie vor dem endgültigen Aussterben bewahrt und damit für die Kirche gerettet zu haben.

Gemeinsam mit dem damaligen Münchner Erzbischof Friedrich Wetter wurde Paul Augustin Mayer am 25. Mai 1985 zum Kardinal erhoben – passender Weise mit der Titelkirche Sant'Anselmo all'Aventino –, zwei Tage später zum Präfekten seiner beiden Kongregationen. Als solcher bemühte er sich zusammen mit dem Präfekten der Glaubenskongregation, seinem Landsmann Kardinal Ratzinger, mit großer Sensibilität und einem guten Gespür für die Anliegen der traditionsverbundenen Katholiken nach Kräften, die Priesterbruderschaft St. Pius X. im Schoß der Kirche zu halten und ein Schisma zu verhindern. Nach dem Scheitern der Vereinbarung vom 5. Mai 1988 und den unerlaubten Bischofsweihen durch Erzbischof Lefebvre am 30. Juni gleichen Jahres wurde Kardinal Mayer deshalb, nachdem er tags zuvor sein Amt niedergelegt hatte, am 2. Juli zum ersten Präsidenten der Päpstlichen Kommission *»Ecclesia Dei«* ernannt, die Johannes Paul II. am selben Tag mit dem gleichnamigen Apostolischen Schreiben errichtet hatte. Als solcher erwarb sich der Kardinal große Verdienste um die Gründung der romtreuen Priesterbruderschaft St. Petrus und hat nach eigener Aussage »in den ersten entscheidungsschweren Jahren Freud und Leid der Priesterbruderschaft und der anderen traditionsgebundenen Gemeinschaften intensiv miterlebt.«[16] So lange es seine Gesundheit zuließ, zelebrierte er – als erster Kurienkardinal seit der Liturgiereform – wiederholt Pontifikalämter für sie und spendete die heiligen Weihen.

Kurz nach seinem 80. Geburtstag nahm Papst Johannes Paul II. am 1. Juli 1991 das altersbedingte Rücktrittsgesuch Kardinal Mayers an, erhob den bisherigen Kardinaldiakon aber am 29. Januar 1996 noch zum Kardinalpriester. Nach seiner Emeritierung wurde es ruhig um ihn, die Öffentlichkeit schien den – nach Kardinal Ratzinger – »zweiten Bayern in Rom« fast vergessen zu haben. Doch die Höhepunkte in seinem Leben waren keineswegs zu Ende, ja es sollte noch einmal eine ganz besondere Zeit für den greisen Kardinal anbrechen.

Augustin Mayer und Joseph Ratzinger – eine besondere Beziehung

Alles begann mit dem Tod von Papst Johannes Paul II. im April 2005, der einen nie gekannten Pilgeransturm nach Rom führte – vorbei an der Wohnung des Kardinals in der Via Rusticucci 13, nur wenige Schritte vom Petersplatz entfernt. Dergleichen hatte selbst er in seinem langen Leben noch nie gesehen: »Ich war hier drei Tage und Nächte wie eingeschlossen, draußen die wartenden Menschenmassen, die alle den aufgebahrten Johannes Paul im Petersdom sehen wollten.«[17]

Vier Papstwahlen hatte er in Rom erlebt, jetzt stand die fünfte bevor. Trotz seines hohen Alters und seiner angeschlagenen Gesundheit nahm Kardinal Mayer an den Generalkongregationen zur Vorbereitung des Konklaves teil. Und obwohl er nicht mitwählen durfte, spürte er doch,

---

[16] Augustinus Kardinal Mayer, Grußwort zum zehnjährigen Bestehen der Priesterbruderschaft St. Petrus (Quelle: http://petrusbruderschaft.de/pages/wer-wir-sind/geschichte/kardinal-mayer.php).

[17] Kardinal Mayer erlebte neun Pontifikate (wie Anm. 6).

wer der »Kandidat Gottes« war, und schrieb vorausschauend an Kardinaldekan Joseph Ratzinger: »Wenn eine noch größere Aufgabe auf dich zukommen sollte, bitte schlage sie nicht ab.«[18] Der entsprach der Bitte, als die Wahl der Kardinäle am 19. April auf ihn fiel.

Damit wurde ein enger Vertrauter des Benediktiner-Kardinals Papst. Denn die beiden »Bayern in Rom« verband nicht nur ihre Herkunft (Marktl am Inn liegt nahe bei Altötting), Paul Augustin Mayer und Joseph Ratzinger kannten sich seit Jahrzehnten – für den Kardinal »eine besondere Verbindung, auch Verpflichtung«[19]. Der Papst

---

[18] Ibid. Crista Kramer von Reisswitz weiß in ihrem Buch »Macht und Ohnmacht im Vatikan« (Zürich 2013, 19 f) zu berichten, dass Kardinal Ratzinger während der Generalkongregationen Kardinal Mayer anvertraut hatte, eine eventuelle Papstwahl ablehnen zu wollen, und dass ihm dieser daraufhin den Brief schrieb, den Benedikt XVI. in seiner Ansprache beim Empfang der deutschen Pilger am Tag nach seiner Amtseinführung erwähnte:
»Als langsam der Gang der Abstimmungen mich erkennen ließ, dass sozusagen das Fallbeil auf mich herabfallen würde, war mir ganz schwindelig zumute. Ich hatte geglaubt, mein Lebenswerk getan zu haben und nun auf einen ruhigen Ausklang meiner Tage hoffen zu dürfen. Ich habe mit tiefer Überzeugung zum Herrn gesagt: Tu mir dies nicht an! Du hast Jüngere und Bessere, die mit ganz anderem Elan und mit ganz anderer Kraft an diese große Aufgabe herantreten können. Da hat mich ein kleiner Brief sehr berührt, den mir ein Mitbruder aus dem Kardinalskollegium geschrieben hat. Er erinnerte mich daran, dass ich die Predigt beim Gottesdienst für Johannes Paul II. vom Evangelium her unter das Wort gestellt hatte, das der Herr am See von Genezareth zu Petrus gesagt hat: Folge mir nach! Ich hatte dargestellt, wie Karol Wojtyła immer wieder vom Herrn diesen Anruf erhielt und immer neu viel aufgeben und einfach sagen musste: Ja, ich folge dir, auch wenn du mich führst, wohin ich nicht wollte. Der Mitbruder schrieb mir: Wenn der Herr nun zu Dir sagen sollte ‚Folge mir', dann erinnere Dich, was Du gepredigt hast. Verweigere Dich nicht! Sei gehorsam, wie Du es vom großen heimgegangenen Papst gesagt hast. Das fiel mir ins Herz. Bequem sind die Wege des Herrn nicht, aber wir sind ja auch nicht für die Bequemlichkeit, sondern für das Große, für das Gute geschaffen. So blieb mir am Ende nichts als Ja zu sagen« (zitiert nach: ibid., 20).
Kardinal Mayer bewog also mit diesem Brief den Kardinaldekan zur Annahme der Wahl, sodass in gewisser Weise ihm die Kirche das segensreiche Pontifikat Benedikts XVI. zu verdanken hat. Es spricht für die demütige Bescheidenheit des Kardinals, dass er dies selbst nie erwähnt hat, bevor es der Mettener Abt Wolfgang Maria Hagl OSB bei der Festmesse zu seinem 95. Geburtstag am 23. Mai 2006 öffentlich machte.

[19] Schröer, Kardinal Augustinus Mayer (wie Anm. 2).

sah das offenbar genauso, denn er ließ es sich nicht nehmen, ihn anlässlich seines 95. Geburtstags im Jahr 2006 zum Mittagessen und persönlichen Gespräch einzuladen – eine Geste der Freundschaft, die den Kardinal tief bewegte: »Es ist ergreifend, dass er sich des alten bayerischen Landsmannes erinnert, der sozusagen auf die Schutthalde des Vergessens gehört.«[20]

Doch auch in Zukunft verloren sich Papst und Kardinal nicht aus den Augen: Beispielsweise begrüßte Kardinal Mayer jedes Jahr Benedikt XVI. am Portal seiner Titelkirche Sant'Anselmo, wenn der Heilige Vater am Aschermittwoch zum Stationsgottesdienst auf den Aventin kam. Auch begegnete man sich 2008 in Brixen, wo der Papst seinen Sommerurlaub verbrachte. »Das damalige Gespräch mit dem Benediktiner über dessen todkranke Schwester« habe den Papst besonders berührt«, schrieb der »Osservatore Romano« in seinem Nachruf.[21]

Und auch das war eine weitere Gemeinsamkeit der beiden »Bayern in Rom«: Beiden führte in ihren ersten römischen Jahren ihre leibliche Schwester den Haushalt, beide Schwestern waren bayerische Originale erster Güte und starben bereits vor etwa 20 Jahren – und beiden vornehmen und zurückhaltenden Brüdern hat es nicht geschadet. War es nicht ganz ähnlich bei Pius XII. und Schwester Pascalina? Offenbar ist es ein guter Ausgleich für so vor-

---

[20] Kardinal Mayer erlebte neun Pontifikate (wie Anm. 6).
[21] »Osservatore« würdigt Kardinal Mayer als Vertrauten des Papstes. Das älteste Mitglied des Kardinalskollegiums war am Freitag im Alter von 98 Jahren in Rom gestorben (Quelle: http://www.kathweb.at/content/site/nachrichten/database/32444.html). Hier liegt vermutlich ein Irrtum vor. In Wirklichkeit fand dieses Gespräch nicht in Brixen statt, sondern Benedikt XVI. erwähnte es lediglich in seiner Antwort auf die Frage eines Priesters nach Krankheit und Leiden bei der Begegnung mit Priestern, Diakonen und Seminaristen in Brixen am 6. August 2008: »Ich erinnere mich an die Schwester von Kardinal Mayer: Sie war sehr krank, und als sie ungeduldig wurde, sagte er ihr: ,Schau, jetzt bist du mit dem Herrn.' Und sie gab zur Antwort: ,Du hast leicht reden, du bist ja gesund, aber ich muss leiden'« (zitiert nach: http://ratzinger-papst-benedikt-stiftung.de/priesterjahr_8.html).

nehme, hochgebildete und vergeistigte Männer der Kirche wie diese drei, eine resolute Haushälterin zu haben...
Jedenfalls zeichnete seine Nähe zum bayerischen Papst Kardinal Mayer besonders aus. Er hat sich ihrer nicht gerühmt, aber sie war eine Gnade für ihn, denn »nahe bei Petrus stehen heißt nahe bei Christus sein.«[22]

Ein Bayer in Rom

So fühlte sich Paul Augustin Mayer in Rom »als Deutscher, vor allem auch als Bayer und als alter Römer sehr zu Hause«,[23] die Ewige Stadt war für ihn in all den Jahren zu einer zweiten Heimat geworden.

»Unsere Seele braucht für das Wachstum nach innen eine Atmosphäre der Heimat«, schrieb der Kardinal noch im Jahr 2009.[24] Und eine solche hatte er sich auch in seiner Wohnung geschaffen: Vornehm, aber schlicht – ganz, wie er selber war –, geschmackvoll ausgestattet und durchweht von einer Atmosphäre des Gebetes, mit Blick auf die Kuppel Michelangelos von der Terrasse. Hier lebte er zurückgezogen, nach dem Tod seiner Schwester liebevoll umsorgt von zwei amerikanischen Ordensschwestern und unterstützt von einem jungen Benediktinerpater als Sekretär. Herzstück war die schöne, zur Andacht stimmende Kapelle, in der er bis zuletzt mit seiner kleinen Hausgemeinschaft täglich das heilige Opfer feierte und wo schließlich seine sterbliche Hülle vor dem Altar aufgebahrt war.

In seinen letzten Lebensjahren konnte Kardinal Mayer, vom Alter zunehmend geschwächt, die Wohnung kaum mehr verlassen und auch immer seltener Gäste empfangen. Mit wachem Geist verfolgte er jedoch weiterhin die Vorgänge in Kirche und Welt – vor allem in Deutschland und im heimatlichen Bayern.

---

[22] Eugenio Pacelli: Abschied von Deutschland (wie Anm. 5).
[23] BR-Fernsehinterview zum 95. Geburtstag, 2006 (Mitschrift des Verfassers).
[24] Brief an den Verfasser (wie Anm. 4).

Treu den bayerischen Wurzeln

Denn es war für ihn unabdingbar, »auch wenn man sehr lange in Rom lebt, dass man eine ganz innere Verbindung mit der Heimat hat.«[25] So ist der Benediktiner-Kardinal aus Bayern seinen Wurzeln immer treu geblieben: Unter den Schutz der Schwarzen Madonna von Altötting stellte er sein Wirken als Abt, Bischof und Kardinal, sie hat seinen ganzen Lebensweg spürbar begleitet, und noch im Tode zierte sein Kardinalswappen mit ihrem Bild seinen Sarg. Zu ihr kehrte er bei seinen jährlichen Besuchen im heimatlichen Rupertiwinkel ebenso immer wieder zurück wie in »seine« Abtei Metten, wo er vielen seiner Mitbrüder die heiligen Weihen spendete.

Doch nicht nur die Mönche, auch die Einwohner des Klosterdorfes Metten waren stolz auf »ihren« Kardinal, dem sie schon vor Jahren die Ehrenbürgerwürde verliehen. Anlässlich eines Jubiläums im Jahr 2004 konnte er zum letzten Mal die Heimat besuchen, dann ließ es seine Gesundheit nicht mehr zu.

Doch der Kontakt mit Metten riss nie ab: Zu seinem 95. Geburtstag im Mai 2006 besuchte eine große Delegation aus Abtei und Marktgemeinde den Kardinal in Rom. Unabhängig davon hielt er mit den Mitbrüdern telefonisch Kontakt und verabschiedete sich schließlich noch einen Tag vor seinem Tod, als er bereits merkte, dass es mit ihm zu Ende ging, auch auf diesem Weg von Abt Wolfgang Maria Hagl.

Aber auch über die engere Heimat hinaus bestanden viele Verbindungen nach Deutschland. Beispielsweise unterstützte der Kardinal das »Forum Deutscher Katholiken«, dessen Kuratoriumsmitglied er bis zuletzt war, und trug zum Zustandekommen des ersten Kongresses »Freude am Glauben« im Jahr 2001 in Fulda bei, auf dem er das Abschlussreferat hielt. Auf diese Weise blieb er über die Situation der Kirche in Deutschland immer im Bild, die er noch

---

[25] Johannes Schröer, Kardinal Augustinus Mayer (wie Anm. 2).

im Jahr 2009 wie folgt resümierte: »Es ist Gott sei Dank so, dass also jetzt nicht so wenige Laien auch in einer vorbildlichen Weise sich für die Verkündigung einsetzen, und ich hoffe doch sehr, dass es immer mehr dazu kommt, dass das, was etwas müde und auch irgendwie verschlossen geworden ist, dass es sich wieder öffnet.« In der Freude darüber, »dass auch in den deutschen Diözesen sich etwas wirklich nicht nur in der Jugend regt«,[26] sah er die Zukunft der Kirche in seinem Heimatland zuversichtlich. Als sie kurz vor seinem Tod von dem schweren Missbrauchsskandal erschüttert wurde, wird er deshalb sehr darunter gelitten haben.

Als echtem Bayern gehörten für Paul Augustin Mayer Frömmigkeit und Bodenständigkeit zusammen. Das schloss für ihn ganz selbstverständlich auch einen guten Humor ein, den er auch gerne auf seine Abstammung zurückführte: »Man sagt, dass in Bayern der Humor jedenfalls nicht ganz abwesend ist.« Und das ist auch gut so, »wenn man bedenkt, dass die große heilige Theresia gesagt hat, dass nach der Gnade Gottes – die sicher das Entscheidende ist – ein guter Humor etwas ganz Wesentliches ist.«[27] So betrachtete der hochbetagte Kardinal sein Leben als Geschenk, auch noch in Alter und Krankheit, die er bereitwillig aus Gottes Hand annahm.

Vorbild menschlicher und geistiger Größe

Und genau das war der Grundtenor des Lebens von Paul Augustin Mayer: Vollkommene Ergebung in den Willen Gottes.

»Sein ganzes Leben lang bemühte er sich, das umzusetzen, was der hl. Benedikt in seiner Regel sagt: ‚Nichts der Liebe Christi vorziehen.'«[28] So blieb er auch als Kardinal ein vorbildlicher Mönch, der einen heiligmäßigen Lebenswandel in Gebet, Askese und klösterlicher Disziplin führte.

---

[26] Ibid.
[27] Ibid.
[28] Papst Benedikt XVI., Predigt bei den Exequien (wie Anm. 14).

Wer ihm begegnete, war beeindruckt von seiner vornehmen, kultivierten Persönlichkeit, seiner hohen Bildung, aber auch von seiner tiefen Demut und gewinnenden Herzlichkeit – vor allem aber von seiner zutiefst spirituellen Ausstrahlung; man spürte, dass er ein Mann des Gebetes war, geprägt vom Geist der benediktinischen Devise »*ora et labora*«[29]. »Kardinal Augustinus als geistlicher Würdenträger steht für ein über Jahrzehnte hin gelebtes Vorbild«, resümierte der frühere Kölner Erzbischof Joachim Kardinal Meisner einmal treffend.[30]

Mit seinem Hinscheiden am Freitag, dem 30. April 2010 – wenige Tage vor seinem 99. Geburtstag –, ging »ein arbeitsreiches Leben voll Milde und Rechtschaffenheit in der kohärenten Ausübung seiner eigenen Berufung zum Mönch und zum Hirten, voll Eifer für das Evangelium und immer treu zum Glauben der Kirche«,[31] zu Ende. Dieses Datum darf durchaus als göttliche Fügung angesehen werden: Am 30. April feiert die Kirche im erneuerten Kalender den Gedenktag des hl. Papstes Pius V., der nach dem Konzil von Trient die alte römische Liturgie ordnete und für die ganze Kirche verbindlich machte; so stellt uns die göttliche Vorsehung noch im Tode den Kardinal gleichsam als Verkörperung der liturgischen Kontinuität vor Augen, die zu betonen Papst Benedikt XVI. nicht müde wurde.

Über sein Wirken als Abt und Bischof hatte Paul Augustin Mayer den ersten Satz aus dem Hymnus zur Fußwaschung am Gründonnerstag gestellt: »*Congregavit nos in unum Christi amor.* – Die Liebe Christi hat uns geeint.«

Getreu dem Beispiel seines göttlichen Meisters diente er der Kirche fast 75 Jahre als Priester, 38 Jahre als Bischof und beinahe 25 Jahre als Kardinal. Denen, die nach sei-

---

[29] Lateinisch = Bete und arbeite.
[30] Kardinal Augustinus mit 98 Jahren verstorben. Ehemaliger Abt Mettens soll im Klosterort beerdigt werden – Berater von fünf Päpsten. In: Donau-Anzeiger, 02.05.2010.
[31] Kondolenztelegramm von Papst Benedikt XVI. an Abtprimas Notker Wolf, 30.04.2010.

nem Beispiel handeln, hat der Herr die Seligkeit versprochen (vgl. Joh 13,17). Und so dürfen wir gewiss sein, dass er seinen demütigen Diener in die Seligkeit des Himmels aufgenommen hat. Über dem Leben von Kardinal Mayer aber werden als unvergänglicher Ruhmestitel die Worte leuchten:

»*Dilexit ecclesiam* – er liebte die Kirche!«[32]

---

[32] Dieses Wort, das auf dem Sarkophag des Gründers der Schönstatt-Bewegung, P. Josef Kentenich, steht, wird im Nachruf seines Heimatklosters Metten auf Kardinal Mayer angewendet (vgl. http://www.kloster-metten.de/?page_id=3 626). Es scheint dem Verfasser in sehr tiefer Weise auf ihn zuzutreffen.

Das priesterliche Lebenszeugnis Kardinal Mayers
Interview mit Michaela Koller (zenit.org)[33]

Herr Schmitt, als Kardinal Paul Augustin Mayer, OSB, kürzlich starb, haben Sie einen der ausführlichsten und detailliertesten Nachrufe verfasst. Wie sind Sie zu der Beschäftigung mit dieser Persönlichkeit gekommen?

Zum ersten Mal bin ich auf Kardinal Mayer vor etwa zehn Jahren durch mehrere TV-Dokumentationen über Papst Pius XII. aufmerksam geworden, in denen er ihn gegen den Vorwurf des »Schweigens« zur Judenverfolgung verteidigte. Auf dem Hintergrund meiner großen Verehrung für diesen Papst war er mir schon von daher sympathisch. Etwas mehr über ihn erfuhr ich dann, als ich dann im Jahr 2004 auf die Spätberufenenschule St. Josef Fockenfeld kam. Da das ebenso wie die Abtei Metten im Bistum Regensburg liegt, war er dort kein Unbekannter, zumal er einmal der Schule einen Besuch gemacht und in der Hauskapelle zelebriert hatte. Damals begann ich, mich im Internet näher über ihn zu informieren, auch wenn dort nicht allzu viele Informationen verfügbar waren. Schließlich schrieb ich ihm im Oktober 2004 einen ausführlichen Brief, in dem ich ihm von meinem Berufungsweg berichtete und um ein Foto mit Unterschrift von ihm bat. Offenbar hat dieser Brief ihn sehr bewegt, denn obwohl das kurz nach seinem schweren Sturz war, bei dem er sich die rechte Schulter gebrochen hatte, antwortete mir der Kardinal persönlich und schrieb sogar, er würde sich freuen, hin und wieder einmal eine Nachricht von mir zu erhalten. Dies war der Beginn eines mehr oder weniger regelmäßigen Briefwechsels, der bis kurz vor seinem Tod dauerte. In dieser Zeit habe ich viele sehr persönliche und wegweisende Briefe von ihm erhalten und konnte ihm meinerseits mit meinem kleinen

---

[33] Erstveröffentlichung unter dem Titel »Würde, gepaart mit Demut und Bescheidenheit«: https://de.zenit.org/articles/wurde-gepaart-mit-demut-und-bescheidenheit/ (21.05.2010).

Buch über Pius XII.[34] eine große Freude machen. Zweimal, in den Jahren 2005 und 2009, durfte ich ihn auch in Rom besuchen.

Am kommenden Sonntag wäre der Kardinal 99 Jahre alt geworden, und am kommenden Dienstag vor 25 Jahren wurde der einstige Abt des Klosters Metten zum Kardinal kreiert, in dem Monat, in dem Sie geboren sind. Sie selbst studieren Theologie mit dem Ziel, Priester zu werden. Was bedeutet so ein Lebenszeugnis wie das Kardinal Mayers für junge Priesteramtskandidaten?

Ich denke, man kann den Wert dieses Zeugnisses kaum überschätzen! Denn Kardinal Mayer war im wahrsten Sinn des Wortes ein heiligmäßiger Priester. Sein priesterliches Selbstverständnis kommt am besten in dem Wahlspruch zum Ausdruck, unter den er sein Wirken als Abt und Bischof gestellt hat: »*Congregavit nos in unum Christi amor.* – Die Liebe Christi hat uns geeint.« In der Tat zog sich diese »Sorge um die Einheit der Gläubigen mit dem Herrn der Kirche und untereinander«[35] durch sein ganzes Leben; besonders bemühte er sich darum nach dem II. Vaticanum in Treue zur 2000jährigen Tradition der Kirche – sichtbarster Ausdruck sind wohl seine Bemühungen um die traditionsverbundenen Gläubigen. Als Diener der Einheit kann uns Kardinal Mayer gerade heute ein Wegweiser sein, wo es gilt, angesichts des Pluralismus unserer Zeit mit all den Meinungsverschiedenheiten und Grabenkämpfen das Priestertum als Dienst an der Einheit neu zu entdecken. Aber zu dieser Einheit finden wir eben nur in der Liebe Christi; und das meint nicht nur die Liebe, die von Christus ausgeht, sondern immer auch die Liebe zu Christus. Kardinal Mayer formulierte das in seinem letzten Brief an mich folgender-

---

[34] Markus Schmitt, Das »Schweigen« Pius' XII. zur Judenverfolgung im Spiegel von Selbstzeugnissen und Äußerungen seiner Mitarbeiter und Vertrauten, Aadorf 2008.
[35] Stephan Haering (Hrsg.): In unum congregati. Festgabe für Augustinus Kardinal Mayer OSB zur Vollendung des 80. Lebensjahres, Metten 1991, 11.

maßen: »Möge Gottes Liebe in uns ein Werkzeug finden, das bereit ist, eigene Pläne zurückzustellen und das eigene Leben wegzugeben, damit das Evangelium in die Sprache der Menschen und in ihre Welt gelangt.« Darin ist, glaube ich, alles zusammengefasst, worauf es bei einem Priester ankommt. Aus Liebe wurde er von Gott berufen, und diese Liebe kann er nur mit Gegenliebe beantworten. Priestertum bedeutet opferbereite und selbstlose Hingabe an Christus, an die Kirche und an die Menschen, hinter der alle persönlichen Interessen zurückzutreten haben; und das ist ohne Liebe nicht zu machen. Aber auch nicht ohne Demut und Gehorsam, die ganz eng damit zusammenhängen: Priestertum ohne Demut ist unvorstellbar und von vornherein zum Scheitern verurteilt. »Wir verkündigen nämlich nicht uns selbst, sondern Jesus Christus als den Herrn, uns aber als eure Knechte um Jesu willen« (2 Kor 4,5). Der Gehorsam im Sinn eines hörenden Gehorsams gegenüber dem Wort Gottes, eines loyalen Gehorsams gegenüber der Kirche und ihrer Autorität und eines dienenden Gehorsams gegenüber ihren Gliedern ergibt sich daraus wie von selbst. Und gerade das hat uns Kardinal Mayer in so eindrucksvoller Weise vorgelebt: Keines seiner Ämter hat er erstrebt, am liebsten wäre er der einfache Mönch geblieben; aber im Gehorsam gegenüber Gott, der Kirche und seinem Orden hat er sie alle angenommen und sich ganz als Werkzeug der Liebe Gottes zur Verfügung gestellt. In Demut und opferbereiter Hingabe setzte er all seine Kraft dafür ein, sie bestmöglich auszuüben – oft bis an die Grenzen seiner gesundheitlichen Belastbarkeit – und führte auch als Kardinal der Heiligen Römischen Kirche ein asketisches Leben in Einfachheit und mönchischer Strenge. Dies alles 75 Jahre seines Priestertums lang zu tun erfordert ein gewaltiges Maß an Treue. Indem er das geleistet hat, ist Kardinal Mayer gerade jetzt im Priesterjahr, das unter dem Motto »Treue zu Christus – Treue des Priesters« steht, eine vorbildliche und wegweisende Priestergestalt.

Was wissen Sie vor dem Hintergrund Ihrer Korrespondenz mit ihm über seine Rolle während der Zeit des Nationalsozialismus. Er war doch zu der Zeit als Deutscher in Rom....

Ja, und zwar lebte er seit 1939 im Kloster Sant'Anselmo auf dem Aventin. Dort wohnte während eines Romaufenthaltes kurz nach Kriegsbeginn auch der nazifreundliche Beuroner Prior P. Hermann Keller, der ihm erzählte, dass er Dr. Josef Müller, den sog. »Ochsensepp«, als Verbindungsmann des deutschen Widerstands zum Vatikan enttarnt hatte, der mit den Alliierten Friedensgespräche führte. Pater Augustinus warnte sofort seinen bayerischen Landsmann und verhinderte somit in letzter Minute das Auffliegen der Widerstandsgruppe, was unabsehbare Konsequenzen für alle Beteiligten wie auch für die Kirche gezeitigt hätte, da Pius XII. die Sondierungen aktiv unterstützte.

Aber auch sein Einsatz für das Mutterkloster des Benediktinerordens in Montecassino darf nicht vergessen werden. Pater Augustinus beteiligte sich an der Rettung wertvoller Kunstschätze, die in der Engelsburg vor den Alliierten in Sicherheit gebracht wurden, und noch am 15. Februar 1944 versuchte er zusammen mit Abt-Primas Fidelis von Stotzingen, vom Papst einen neuerlichen Protest gegen die Bombardierung der Abtei zu erwirken. Dazu war es jedoch bereits zu spät, die Alliierten hatten schon mit dem Bombardement begonnen.

Darüber hinaus erlebte Pater Augustinus während der deutschen Besatzungszeit die umfangreichen Hilfsaktionen Pius' XII. für die verfolgten Juden vor Ort mit. Deshalb litt er, wie er mir schrieb, »wirklich darunter, dass diesem großen Papst, der von vielen Menschen seiner Zeit geliebt und verehrt wurde, so beharrlich Unrecht getan wird.«

Wenn man den Lebenslauf des Kardinals liest, so hat man den Eindruck, dass er oft an entscheidenden Wegmarken der Kirchengeschichte zur Stelle war....

Auf jeden Fall! Schließlich verbrachte er ja 68 Jahre seines Lebens in Rom, dem Herzen der Kirche, wo sich Kirchengeschichte verdichtet wie sonst an keinem anderen Ort. Das erlebte er, wie bereits beschrieben, in der Zeit des Nationalsozialismus. Aber die entscheidendste Wegmarke der Kirchengeschichte des 20. Jahrhunderts war ohne Zweifel das II. Vatikanische Konzil, bei dem er durchaus an maßgeblicher Stelle beteiligt war – auch wenn sein Anteil daran heute leider fast vergessen ist. Als Sekretär der Konzilskommission für die Studien und Seminare betreute er nämlich das Dekret »Optatam totius« über die Priesterausbildung; es fand nicht nur als einziges Konzilsdokument schon in der ersten Lesung am 28. Oktober 1965 die Zustimmung der Väter, sondern war wegweisend für die nachkonziliare Priesterausbildung und setzte Maßstäbe, die bis in unsere Zeit weiterwirken.

Als Präfekt der Gottesdienstkongregation war Erzbischof Mayer dann hauptverantwortlich für zwei Maßnahmen, deren Bedeutung für die Kirchengeschichte man erst heute richtig einzuschätzen beginnt: Zunächst das von ihm unterzeichnete Schreiben »Quattuor abhinc annos« vom 3. Oktober 1984, mit dem erstmals seit der Liturgiereform von 1969/70 der Gebrauch der liturgischen Bücher von 1962 unter bestimmten Bedingungen ermöglicht wurde, und dann, darauf aufbauend, das Motu proprio »Ecclesia Dei adflicta« vom 2. Juli 1988, das die Gründung der Priesterbruderschaft St. Petrus zur Folge hatte. Durch diese Maßnahmen wurde nicht nur die alte Liturgie aus der Ecke der Illegalität herausgeholt und für die Kirche erhalten, vor allem waren sie ein entscheidender Beitrag zur Einheit der Kirche, denn nur so konnte ja verhindert werden, dass alle traditionsverbundenen Gläubigen Erzbischof Lefebvre ins Schisma folgten. Diesbezüglich hat sich der Kardinal als erster Präsident der Päpstlichen Kommission »*Ecclesia Dei*« weitere große Verdienste erworben.

Eine ganz große Wegmarke war dann der Tod von Papst Johannes Paul II. am 2. April 2005. Kardinal Mayer nahm nicht nur an den verschiedenen Zeremonien teil, sondern erfuhr die einmaligen Dimensionen dieses Ereignisses sozusagen am eigenen Leib, als er in seiner Wohnung in der Nähe des Petersplatzes von den Menschenmassen eingeschlossen war und mehrere Tage lang nicht hinaus konnte. Das hat ihn so bewegt, dass er immer wieder davon erzählte.

Aber die Wegmarke, die den Kardinal sicher am persönlichsten betraf, war die Wahl Benedikts XVI. am 19. April 2005. Auch als nicht wahlberechtigtes Mitglied des Kardinalskollegiums durfte er sie hautnah miterleben, ja er ist sogar in einer gewissen Weise mitverantwortlich, dass wir heute Papst Benedikt XVI. haben! In einer der Generalkongregationen vor dem Konklave schrieb er nämlich an seien bayerischen Landsmann: »Wenn eine noch größere Aufgabe auf dich zukommen sollte, bitte schlage sie nicht ab.« Vielleicht mag diese brüderliche Aufforderung Kardinal Ratzinger die Annahme der Wahl erleichtert haben. Auf jeden Fall kannten sich die beiden »Bayern in Rom« ja schon seit Jahrzehnten, und daher lebte Kardinal Mayer unter Benedikt XVI. in einer ganz besonderen Zeit, wie auch er selbst es sehr stark empfand.

Man kann also wirklich sagen, dass der Kardinal an entscheidenden Wegmarken der Kirchengeschichte nicht nur zur Stelle war, sondern sie auch aktiv mitgestaltet hat.

Noch im Jahr 1996 wurde er zum Kardinalpriester erhoben. Wie wirkte Kardinal Mayer denn im persönlichen Umgang?

Nun, ich würde sagen, er war eine Persönlichkeit von hoher Bildung und Kultur, ein durch und durch vornehmer Mensch mit vollendeten Umgangsformen und feinem Taktgefühl. Von seiner äußeren Erscheinung und seinem Auftreten her strahlte er gleichsam die Würde eines Kirchenfürsten aus, man schaute in Ehrfurcht zu ihm auf. Doch diese Würde war gepaart mit der oben beschriebenen Demut und Bescheidenheit, aus der heraus er jeden ernst nahm und allen mit großem Respekt beggegnete – auch mir, dem einfachen Seminaristen. Die Gespräche mit ihm waren getragen von einer Atmosphäre menschlicher Wärme und liebenswürdiger Herzlichkeit. Bei jedem Kontakt mit Kardinal Mayer – sei es in persönlicher Begegnung oder in schriftlicher Korrespondenz – war aber immer spürbar, dass er ein betender Mensch war von beeindruckendem spirituellem Format.

Anhang

EXEQUIEN FÜR KARDINAL PAUL AUGUSTIN MAYER

Predigt von Papst Benedikt XVI.

*Petersdom, Kathedra-Altar
Montag, 3. Mai 2010*

*Verehrte Mitbrüder,
sehr geehrte Damen und Herren,
liebe Brüder und Schwestern!*

Auch für unseren lieben Mitbruder ist die Stunde gekommen, aus dieser Welt fortzugehen. Vor fast einem Jahrhundert wurde er in der Nähe meiner Heimat geboren, genauer gesagt in Altötting, wo sich das berühmte Marienheiligtum befindet, mit dem wir Bayern in großer Zuneigung und durch viele Erinnerungen verbunden sind. Das ist das Schicksal des menschlichen Lebens: Es erblüht aus der Erde – an einem bestimmten Punkt der Welt – und ist für den Himmel bestimmt, für die Heimat, aus der es in geheimnisvoller Weise stammt. »*Desiderat anima mea ad te, Deus*« (Ps 42,2). Im Verb »*desiderat*« ist der ganze Mensch enthalten, sein Leib und Geist-Sein, Himmel und Erde. Es ist das ursprüngliche Geheimnis des Bildes Gottes im Menschen. Der junge Paul – der später als Mönch Augustin Mayer heißen wird – untersuchte für sein Doktorat in Theologie dieses Thema in den Schriften des Klemens von Alexandrien. Es ist das Geheimnis des ewigen Lebens, das seit der Taufe wie ein Samenkorn in uns hineingelegt ist und auf unserer Lebensreise angenommen werden will bis zu dem Tag, an dem wir den Geist in die Hände des Vaters zurücklegen.

»*Pater, in manus tuas commendo spiritum meum*« (Lk 23, 46). Während wir um den Altar versammelt sind, um unserem verstorbenen Bruder den letzten Gruß zu erweisen, leiten die letzten Worte Jesu am Kreuz unser Gebet und unsere Meditation. Jede Feier der Exequien steht unter dem Zeichen der Hoffnung: Im letzten Atemzug Jesu am Kreuz (vgl. *Lk* 23,46; *Joh* 19,30) hat Gott sich der Menschheit ganz geschenkt, er hat so die von der Sünde verursachte Leere gefüllt und den Sieg des Lebens über den Tod wieder hergestellt. Deshalb hat jeder Mensch, der im Herrn stirbt, durch den Glauben an diesem Akt unendlicher Liebe teil; in gewisser Weise haucht er zusammen mit Christus den Geist aus in der sicheren Hoffnung, dass die Hand des Vaters ihn von den Toten auferwecken und in das Reich des Lebens führen wird.

»Die Hoffnung aber lässt nicht zugrunde gehen«, bekräftigt der Apostel Paulus in seinem Brief an die Christen in Rom, »denn die Liebe Gottes ist ausgegossen in unsere Herzen durch den Heiligen Geist, der uns gegeben ist« (*Röm* 5,5). Die große, unvergängliche und auf den festen Felsen der Liebe Gottes gegründete Hoffnung sichert uns zu, dass das Leben derer, die in Christus sterben, »nicht genommen, sondern gewandelt wird« und dass »wenn die Herberge der irdischen Pilgerschaft zerfällt, uns im Himmel eine ewige Wohnung bereitet ist« (*Präfation von den Verstorbenen I*). In einer Zeit wie der unseren, in der die Angst vor dem Tod viele Menschen in Verzweiflung stürzt und sie illusorische Tröstungen suchen lässt, zeichnet sich der Christ durch die Tatsache aus, dass er seine Sicherheit in Gott findet, in einer Liebe, die so groß ist, dass sie die ganze Welt erneuern kann. »Seht, ich mache alles neu« (*Offb* 21,5), spricht gegen Ende des *Buches der Geheimen Offenbarung* der, der auf dem Thron sitzt. In der Vision des neuen Jerusalem ist das Sich-Verwirklichen der tiefsten Sehnsucht der Menschheit ausgedrückt: in Frieden zusammen zu leben ohne die Bedrohung des Todes, sondern in der Freude der vollen Gemeinschaft mit Gott und untereinander. Die Kirche und in besonderer Weise die monastische Gemeinschaft sind eine irdische Vorwegnahme dieses endgültigen Zieles. Es ist eine unvollkommene Vorwegnahme des Zieles, die von Grenzen und Sünden gezeichnet ist und daher immer der Bekehrung und Läuterung bedarf; und dennoch kann man in der eucharistischen Gemeinschaft den Sieg der Liebe Christi über das, was spaltet und zerstörerisch wirkt, im Voraus kosten. »*Congregavit nos in unum Christi amor*« – »Die Liebe Christi hat uns geeint«: Das ist das Bischofsmotto unseres verehrten Mitbruders, der von uns gegangen ist. Als Sohn des hl. Benedikt hat er die Verheißung des Herrn erfahren: »Wer siegt, wird dies als Anteil erhalten: Ich werde sein Gott sein, und er wird mein Sohn sein« (*Offb* 21,7).

Nachdem er in der Schule der Benediktinerpatres der Abtei St. Michael in Metten seine Ausbildung erhalten hatte, legte er 1931 die monastische Profess ab. Sein ganzes Leben lang bemühte er sich, das umzusetzen, was der hl. Benedikt in seiner *Regel* sagt: »Nichts der Liebe Christi vorziehen.« Nach den Studien in Salzburg und Rom begann eine lange und anerkannte Lehrtätigkeit an der Päpstlichen Hochschule »Sant'Anselmo«, deren Rektor er 1949 wurde. Dieses Amt hatte er 17 Jahre lang inne. Genau in dieser Zeit wurde das Päpstliche Liturgische Institut gegründet, das für die Ausbildung von Fachleuten im Bereich der Liturgie ein grundlegender Bezugspunkt geworden ist. Nach dem Konzil wurde er zum Abt seiner geliebten Abtei Metten gewählt und behielt dieses Amt für fünf Jahre. Aber schon 1972 ernannte ihn der Diener Gottes Papst Paul VI. zum Sekretär der Kongregation für die Institute geweihten Lebens und für die Gesellschaften apostolischen Lebens und weihte ihn am 13. Februar 1972 selbst zum Bischof.

In den Jahren des Dienstes in diesem Dikasterium förderte er die fortschreitende Umsetzung der Bestimmungen des Zweiten Vatikanischen Konzils hinsichtlich der Ordensfamilien. In diesem besonderen Bereich wusste er als Ordensmann eine unverkennbare kirchliche und menschliche Sensibilität zu bezeugen. Im Jahr 1984 betraute ihn der ehrwürdige Diener Gottes Johannes Paul II. mit dem Amt des Präfekten der Kongregation für den Gottesdienst und die Sakramentenordnung. Er erhob ihn später im Konsistorium vom 25. Mai 1985 in den Kardinalsrang und wies ihm die Titelkirche von »Sant'Anselmo« auf dem Aventin zu. Anschließend ernannte er ihn zum ersten Präsidenten der Päpstlichen Kommission »*Ecclesia Dei*«; und auch bei diesem neuen und delikaten Auftrag erwies sich Kardinal Mayer als eifriger und treuer Diener, indem er den Inhalt seines Mottos umzusetzen versuchte: »Die Liebe Christi hat uns geeint.«

Liebe Brüder, unser Leben liegt in jedem Augenblick in den Händen des Herrn, vor allem im Moment des Todes. Mit dem vertrauensvollen Ausruf Jesu am Kreuz: »Vater, in deine Hände lege ich meinen Geist« wollen wir deshalb unseren Bruder Paul Augustin bei seinem Übergang von dieser Welt zum Vater begleiten. In diesem Augenblick gehen meine Gedanken unweigerlich zum Heiligtum der Gnadenmutter von Altötting. Uns im Geiste diesem Pilgerort zuwendend vertrauen wir der heiligen Jungfrau unser Gebet für die Seele des verstorbenen Kardinal Mayer an. Er wurde in der Nähe jenes Heiligtums geboren, hat der Regel des hl. Benedikt entsprechend sein Leben Christus gleichgestaltet und ist im Schatten der Vatikanbasilika gestorben. Die Muttergottes, der hl. Petrus und der hl. Benedikt mögen diesen treuen Jünger des Herrn in sein Reich des Lichtes und des Friedens begleiten. Amen.

© Libreria Editrice Vaticana, 2010

Zitate von Augustinus Kardinal Mayer OSB

Es tut immer gut, zu erfahren, wie auch in unseren Tagen junge Menschen den Anregungen des Heiligen Geistes folgen und zu einer tiefen und opferbereiten Christusliebe geführt werden.

(Brief an den Verfasser, 12.10.2004)

Alles hilft, wenn der Herr im Zentrum ist.

(Brief an der Verfasser, 20.03.2007)

Möge Gottes Liebe in uns ein Werkzeug finden, das bereit ist, eigene Pläne zurückzustellen und das eigene Leben wegzugeben, damit das Evangelium in die Sprache der Menschen und in ihre Welt gelangt.

(Brief an den Verfasser, 25.08.2009)

Viele Menschen gehen mit der Religion so um wie mit den Steuern: sie finden sich damit ab, dass sie sie zahlen müssen, aber sie hoffen, dass der Betrag nicht allzu hoch ist, damit noch etwas übrigbleibt, wenn der Staat sich seinen Teil genommen hat.
Der »natürliche Mensch« ist, wenn man so will, bereit, Gott das zu »zahlen«, was er ihm schuldig zu sein glaubt: die sonntägliche Messe und die Gebote. Doch er hat Angst, dass Gott mehr von ihm fordern könnte: mehr von seiner Zeit, mehr von seinem Geld; oder auch, dass er seine Bequemlichkeit aufgibt, seinen Egoismus, seine Sinnlichkeit. Davor hat er Angst, denn er denkt, dass dann nichts mehr für ihn selber übrigbleibt. Deshalb wäre es ihm lieber, wenn Gott ein Außenstehender wäre und nicht in sein Leben eingreifen würde.

(Predigt über den hl. Josefmaría Escrivá, 08.10.2002)

Über Papst Pius XII.:

Wenn man, wie ich, diese Jahre miterlebt hat, dann leidet man wirklich darunter, dass diesem großen Papst, der von vielen Menschen seiner Zeit geliebt und verehrt wurde, so beharrlich Unrecht getan wird.

(Brief an den Verfasser, 07.02.2006)

In den letzten Jahren haben viele, die die Kirche schlagen wollten, ihre Wut an diesem großen Papst ausgelassen. Papst Pius XII., der so heiligmäßig und verdienstvoll für die Kirche gewirkt hat und auch so beurteilt wurde, musste es nach seinem Tod »erdulden«, dass sich die Stimmung bei vielen gewandelt hat. Es ist tröstlich zu sehen, dass sich die Wahrheit ihm gegenüber immer mehr durchsetzt, ihm Gerechtigkeit geschieht und Menschen der Kirche zu seiner Verteidigung das Wort ergreifen.

(Brief an den Verfasser, 25.08.2009)